Petites Enquêtes ... in English !

6e et 5e
11-13 ans

The London Beast Enigma

Auteure : Joanna Le May
Illustrateur : Julien Flamand

hachette
ÉDUCATION

Les personnages de l'histoire

Katy Homes

Katy est une jeune Anglaise de 12 ans. Sportive et intelligente, elle sait se sortir des situations les plus compliquées. Son adage : réfléchir avant d'agir !

Charlie Whatnot

Charlie a 13 ans, c'est le meilleur ami de Katy. Un peu peureux, c'est un vrai geek. Il sait toujours trouver une astuce technique pour se tirer d'affaire !

Angus

Angus est le fidèle scottish terrier de Katy. Il est fier et courageux et son odorat est d'une aide précieuse pour notre duo de détectives en herbe !

ISBN : 978-2-01-701671-7

58, rue Jean Bleuzen, CS 70007, 92178 Vanves Cedex

The London Beast Enigma

Une bête terrifiante rôde dans Londres… Pas de quoi effrayer Charlie et Katy ! En suivant sa piste, nos deux amis vont découvrir une étrange rivière, assister à un match de cricket ou pénétrer dans un mystérieux cimetière… toujours accompagnés d'Angus, leur fidèle scottish terrier !

*Mummy : Maman.

Darling,
it's not a statue !

AAHHH !
HELP !

**I'm bored ! :* Je m'ennuie !

**MI6* : services secrets britanniques.
**sick* : malade.

HOOOOWL!
?
What's that ?

It's an old map* !
SNIFF
SNIFF
Is that the River Thames ?
London
River Effra
No, it isn't. It's a river under London. It's called the Effra !
And there are some mathematical calculations ! Interesting...

*map : carte.

**we're home* : on est à la maison.

**the news* : les informations.

**beast* : bête. **gardener* : jardinier.

**gentle* : gentil, calme.

*case : affaire criminelle.

**granddaughter* : petite-fille.

*What happened ? : que s'est-il passé ?

I was on Vauxhall Bridge.

Suddenly, the Beast attacked. It was horrible !

Vauxhall Bridge... That's near MI6 ! Hmmm... THINK !
Hey ! Where's Angus !
GRUMPHH!
Is that Angus ?

**under* : sous. **glue* : colle. **model aeroplanes* : maquettes d'avion.
**be careful !* : faites attention !

**time for walkies !* : c'est l'heure de la promenade !

In 1956, the BBC transmitted the first colour television pictures.
Now I'm bored ! Hey ! Where's Angus ?
GRRRR
Angus ? Is that you ?
GRRRRRRR
That's not Angus ! It's the...

... BEAST ! Run !
... This way !
... That way, to the...

*crazy : fou, folle. *Voir *The London Treasure Mystery*.

**binoculars* : jumelles.

**footprint* : empreinte de pied.

**near* : près de, à côté de. **I remember* : je me rappelle.

Of course ! The TUNNEL near Vauxhall Bridge !
Children ! It's time to go to Kennington.
KENNINGTON ! Why ?
Your uncle George is playing cricket at the Oval, Kennington !

The Oval
... NO CHARLIE ! You can't play with your robot at a cricket match !

But cricket is COMPLICATED ! I prefer my robot !

*cakes : gâteaux.
*naughty : vilain.

ANGUS ! COME BACK !
A DOG ?
WHAT THE... ?

I can't look !
CRASH!
SORRY!

**time* : fin du match (pour le cricket).
**the game is over* : le match est terminé.
**follow* : suivre.

**behind* : derrière.

*Voir *The Missing Bulldog*.
**lawn* : pelouse.

This is the River Effra !
I'm sure that man is connected to the Beast !
Oh no ! Which way ?
That way !
Errr… no ! Not that way !

This way !
In here !
WHAT'S THAT ? !!!
It's a...

... A SERVER !
WOOF ! WOOF !

A server ! Here ! Why ? THINK !
Katy ! B-B-B-Behind you !

It's the Beast ! RUUUUUUN !
Listen ! Angus is behind that gate !
WOOF! WOOF!
PUFF! PHEW!
Come on...
OH NOOOOO !

**haunted* : hantées.

Thanks old boy. Hmm... It's an E22 sensor cable. Katy ! Look at this !
Charlie ! This is NOT the moment ! Come on ! This way !
Katy ?
Up here Charlie !

*ghost : fantôme.

... B-B-BEAST ! GULP !
Slowly... Don't panic Charlie.
Can I panic now Katy ?

*999 : numéro d'appel d'urgence.

**dead* : déchargée, morte.

Later
Oh Granny ! The Beast is dead ! You are a heroine !
Good evening Milady ! I'm from MI6 !
But I am NOT a heroine ! Here is my story...

I am drinking tea at the Oval when...
I see Katy and Charlie running ! I decide to follow them...
I take a cricket bat for protection. It is time for ACTION !

**Second World War* : Deuxième Guerre mondiale. **track* : suivre la trace de.

I see the Beast and prepare for ATTACK. Suddenly the Beast STOPS !
Hello Police !
THE ANIMAL IS DEAD ! I telephone the police with my NEW CELL PHONE !
The Beast is NOT an animal ! The Beast is...

**quickly* : vite.

Tom is not a victim. He is an imposter !
An imposter ? Dear Tom ?

Tom is the creator of the Beast !
TOM created the Beast ? !!! Is this true Tom ?
INCREDIBLE!
Yes it is Milady. Here is my story...

I am just a poor* gardener ! I want to be RICH !
MONEY

I like computer science and I am a good hacker !

**poor* : pauvre.

*company : société.

**build* : construire.

**clues* : indices.
**fur* : fourrure.

**shut down* : s'arrêter, cesser de fonctionner.

**remotes* : télécommandes.

**hits* : visiteurs (personnes qui cliquent sur un site Internet).

My lawn !
You BAD girl !
She is NOT a bad girl !
She is a very GOOD detective !

What's THAT ?
THE BEAST !!!???

HAHA
MEO
ME

HAHA!
Julien Flamand 18

Page 4

La Tamise, le MI6
— Maman, Maman ! Regarde la statue !
— ?!?

Page 5

— Chéri, ce n'est pas une statue !
— À L'AIDE !
— AAHHH !

Page 6

La Tamise
— C'est les vacances ! Réjouis-toi Charlie ! Regarde ! Il y a Big Ben !
— Je m'ennuie !
[YAWN] PFFFF
— Regarde Charlie !

Big Ben

Aujourd'hui, Big Ben est le surnom utilisé par les Britanniques pour désigner la tour de l'horloge du palais de Westminster, qui est le siège du parlement britannique. À l'origine, ce surnom avait été donné à la plus grosse cloche du carillon abrité dans la tour. Elle pèse plus de 13 tonnes, retentit à 6 km à la ronde toutes les heures depuis 1859 et rythme tous les grands événements de la nation… sauf depuis l'été 2017 ! En effet, au grand désespoir des Anglais, elle devrait rester silencieuse jusqu'en 2021 pour cause de travaux de rénovation !

Page 7

— C'est le MI6.
— Cool !
— Oh non ! Angus est malade.
[AAH… AAAHHHH ! OOOOHH]

MI6

Le MI6 (***M**ilitary **I**ntelligence, section **6***), également appelé SIS (***S**ecret **I**ntelligence **S**ervice*), désigne le service de renseignements extérieurs du Royaume-Uni, c'est-à-dire une partie des services secrets britanniques. Son rôle est de mener des missions d'espionnage à l'étranger et de protéger le pays contre les attaques terroristes. Son siège est situé sur la rive droite de la Tamise, dans le sud-ouest de Londres. Son agent secret le plus connu (au cinéma bien sûr…) est James Bond !

Page 8

[HOOOOWL !] FLOUF !
— Qu'est-ce que c'est que ça ?

Page 9

— C'est une vieille carte !
[SNIFF ! SNIFF !]
— Est-ce que c'est la Tamise ?
— Non, ce n'est pas la Tamise. C'est une rivière sous Londres. Elle s'appelle l'Effra !
— Et il y a des calculs mathématiques ! Intéressant…

Page 10

Kensington
— Grand-mère, on est à la maison !
— Oh mon Dieu, c'est impossible !
— Bonjour grand-mère !
— Euh… Est-ce que vous allez bien lady Jane ?
— NON JE NE VAIS PAS BIEN ! J'ai un nouveau téléphone portable. Il est très COMPLIQUÉ !

Page 11
— Lady Jane, j'ai un nouveau…
— … ROBOT !
— Oh Charlie ! Tu es un GEEK !
[SNIFF ! SNIFF !]
— … et voici les informations…

Page 12
[Bandeau télé] MYSTÉRIEUSE BÊTE À LONDRES
— … mystérieuse bête à Londres…
— … nous avons une interview de la victime…
[Bandeau télé] YSTÉRIEUSE BÊTE À LONDRES - MYSTÉRIEUSE BÊT
— Cet homme ! C'est mon jardinier ! Tom !

Page 13
— UNE BÊTE ! À LONDRES ! Oh mon Dieu, Tom est un homme très gentil, est-ce qu'il va bien ?
— Ne t'inquiète pas grand-mère ! Nous allons lui rendre visite.
— Regardez ce blog. Il s'appelle *La Grosse Bête*.
— En mars 2005, de nombreuses personnes ont vu la Bête à… SYDENHAM !
— Ah ! Tom habite à…

Page 14
… SYDENHAM !
— Euh, excusez-moi lady Jane ! Vous avez bien dit S-S-S-Sydenham ?
— Oui. Mon Tom vit là-bas.
— Rendons-lui visite MAINTENANT !
— Mais Katy, la B-B-B-Bête ! Je n'aime pas ça !
— Allez Charlie ! C'est une nouvelle affaire criminelle.
[WOOF ! WOOF !] Ouah ! Ouah !

Page 15
Sydenham
— Nous voici à Sydenham !
— Qui êtes-vous ?
— Je suis Katy, la petite-fille de lady Jane. C'est mon ami, Charlie.
— Entrez ! Vite !
— Peut-être que la Bête est ici en ce moment même !
— Chut… Charlie ! Tais-toi !

Page 16
— Comment allez-vous Tom ?
— Pas bien !
[SNIFF ! SNIFF !]
— Que s'est-il passé ?
— La Bête ! La Bête !

Page 17
— J'étais sur le Vauxhall Bridge.
— Soudain, la Bête a attaqué ! C'était horrible !

Page 18
— Le Vauxhall Bridge… C'est près du MI6 ! Hum… RÉFLÉCHISSONS !
— Hé ! Où est Angus ?
[GRUMPHH !]
— Est-ce que c'est Angus ?

Page 19
— Il est sous la table !
[AHAHAH !]
— C'est ma colle ! C'est pour mes maquettes d'avion.
[GRUMPH !]
— Viens Angus. Allons nous promener !
— Au revoir les enfants et FAITES ATTENTION !

Page 20
Crystal Palace
— Viens Angus. C'est l'heure de la promenade !
— Ça ne me plaît pas ici !
— C'est quoi ça ?
— C'est l'émetteur de Crystal Palace. On l'appelle la tour Eiffel de Londres.

Crystal Palace
De nos jours, Crystal Palace désigne un quartier situé dans un district du sud de Londres, Bromley, connu pour son émetteur qui culmine à plus de 200 m et diffuse toutes les chaînes de télévision londoniennes. À l'origine, Crystal Palace était le nom donné à un impressionnant « palais de cristal » fait de fonte et de verre et long de plus de 500 m, construit à Hyde Park en 1851 pour accueillir la première Exposition universelle, puis entièrement démonté pour être déplacé à Bromley. Détruit par un incendie en 1936, il a laissé place à un parc.

Page 21
— En 1956, la BBC a transmis les premières images de la télévision couleur.
— Maintenant c'est moi qui m'ennuie ! Hé ! Où est Angus ?
[GRRRR]
— Angus ? Est-ce que c'est toi ?
[GRRRRRRR]
— Ce n'est pas Angus ! C'est la…

BBC

Créée en 1922, la BBC (**B**ritish **B**roadcasting **C**orporation) est une société de production et de diffusion de programmes de radio puis de télévision financée par le gouvernement britannique. Véritable institution, elle symbolise l'histoire de la télévision britannique. Elle a produit un grand nombre de séries devenues cultes. Ses chaînes (BBC One, BBC Two, BBC News, etc.) sont extrêmement populaires, les Britanniques y sont très attachés.

Page 22

— … BÊTE ! Cours !
— … Par ici !
— … Par là, vers l'…

Page 23

— … ÉMETTEUR ! Non Katy ! Tu es folle !
— Viens Charlie !
— Cela me rappelle quelque chose !
— Attends-moi Katy. HUMPF…

Page 24

— Écoute ce silence… Où est la Bête ?
— PARTIE ! C'est curieux…
— Je ne vois pas Angus !
[WOOF ! WOOF ! WOOF !] OUAH ! OUAH ! OUAH !
— J'ai mes jumelles !
— Je le vois, ainsi qu'une petite rivière.
— Bien ! Allons-y !

Page 25

— Angus ! Te voilà !
— Regarde, une curieuse empreinte de pied ! Bon garçon !
[YAWN] PFFFOUH
— Il n'est pas intéressé. Pourquoi ?
— Hum… une rivière… RÉFLÉCHISSONS ! La carte ! L'Effra ! Retour à Kensington, Charlie !

Page 26

Le jour suivant à Kensington
— L'Effra rejoint la Tamise à Vauxhall.
— Elle passe sous Kennington, juste ici.
— La voilà juste à côté de Sydenham.
— Vauxhall ? Hum… RÉFLÉCHISSONS ! Je me rappelle !

Page 27

— Bien sûr ! Le TUNNEL à côté du Vauxhall Bridge !
— Les enfants ! C'est l'heure d'aller à Kennington.
— KENNINGTON ! Pourquoi ?
— Ton oncle George joue au cricket au stade The Oval, à Kennington !

Page 28

Stade The Oval
— … NON Charlie ! Tu ne peux pas jouer avec ton robot à un match de cricket !
— Mais le cricket, c'est COMPLIQUÉ ! Je préfère mon robot !

Cricket

Le cricket est un sport d'équipe qui se pratique avec des battes de bois et une balle sur un terrain de forme ovale. Un match est divisé en plusieurs manches au cours desquelles les joueurs d'une équipe se succèdent à la batte pour tenter de marquer des points en frappant la balle, tandis que les joueurs de l'équipe adverse se succèdent au lancer. Les Britanniques ne sont pas les seuls à se passionner pour ce sport aux règles complexes ; il est également très pratiqué dans les pays de l'ancien Empire britannique (Inde, Pakistan, Bangladesh, Afrique du Sud, Australie…).

Page 29

— Les gens ne font que boire du thé et manger des gâteaux !
— NON ANGUS ! VILAIN GARÇON !
[SNIFF ! SNIFF !]
[SLURP ! SLURP !]
[SIGH !] PFFFOUH !

Page 30

— ANGUS ! REVIENS !
— UN CHIEN ?
— QU'EST-CE QUE…
— Je ne peux pas regarder !
[CRASH !]
[SORRY !] DÉSOLÉ !

Page 31

[HEH HEH HEH !] HÉ ! HÉ ! HÉ !
— Fin du match !
[WOOF !] OUAH !
— Le match est terminé. Suivons Angus !

Page 32

10 minutes plus tard
— Oh non… Angus, stop ! HUMPF !
— Hé ! Revenez ici sales gamins !
— Il y a un homme derrière nous ! Il n'est pas content !

Page 33

— C'est un tunnel ! Suis Angus !
— Encore un tunnel ! Je n'aime pas ça !
— Ma pelouse ! Ces gamins !

Page 34
— C'est la rivière Effra !
— Je suis sûr que cet homme a un lien avec la Bête !
— Oh non ! De quel côté ?
— De ce côté !
— Euh… non ! Pas de ce côté !

Page 35
— De ce côté !
— Là-dedans !
— C'EST QUOI ÇA ? !!!
— C'est un…

Page 36
— … UN SERVEUR !
[WOOF ! WOOF !] Ouah ! Ouah !
— Un serveur ! Ici ? Pourquoi ? RÉFLÉCHISSONS !
— Katy !
— D-D-D-Derrière toi !

Page 37
— C'est la Bête ! COUUUUUURS !
— Écoute ! Angus est derrière cette grille ! Allez…
[WOOF ! WOOF !] Ouah ! Ouah !
[PUFF ! PHEW !] HUMPF ! OUF !
— OH NOOOOON !

Page 38
— Ce sont des catacombes !
— Des c-c-catacombes. Peut-être qu'elles sont hantées !
[SPOOKY !] SINISTRE !
— Qu'est-ce qu'il y a Angus ?

Page 39
— Merci mon vieux. Hum… C'est un câble de capteur E22. Katy ! Regarde ça !
— Charlie ! Ce n'est PAS le moment ! Viens ! Par ici !
— Katy ?
— Là-haut Charlie !

Page 40
— C'est le cimetière de West Norwood !
— Charlie, regarde là-bas !
[SPOOKY !] SINISTRE !
— Je suis sûr que c'est un F-F-F-FANTÔME !
— Ce n'est PAS un fantôme ! C'est la…

West Norwood Cemetery
Le West Norwood Cemetery est l'un des sept grands cimetières londoniens créés au XIXe siècle, à l'ère victorienne, en réponse à la surpopulation des cimetières paroissiaux. Il est réputé pour son architecture de style gothique et sa végétation verdoyante. Ses splendides monuments funéraires, ses nombreux mausolées et ses catacombes en font un des plus beaux cimetières d'Europe.

Page 41
— …B-B-BÊTE ! GLOUPS !
— Doucement… Ne panique pas Charlie.
— Puis-je paniquer maintenant Katy ?

Page 42
— AAAAHHH !
— Appelle la police Charlie ! 999 ! C'est une urgence !
[GRRRR !]

999
Au Royaume-Uni, le 999 correspond au numéro d'appel d'urgence. C'est un numéro gratuit, à appeler en cas d'extrême urgence : si la vie de quelqu'un est en danger, en cas d'agression, d'incendie ou d'accident par exemple. En fonction du cas de figure, on vous met immédiatement en relation avec la police, les pompiers ou l'équivalent du SAMU.

Page 43
— Je ne peux pas !
— La batterie est déchargée.
— NE TOUCHE PAS À CES ENFANTS !

Page 44
Plus tard
— Oh grand-mère ! La Bête est morte ! Tu es une héroïne !
— Bonsoir Milady ! Je suis du MI6 !
— Mais je ne suis PAS une héroïne ! Voici mon histoire…

Page 45
— Je suis en train de boire du thé au stade The Oval quand…
— Je vois Katy et Charlie en train de courir ! Je décide de les suivre…
— Je prends une batte de cricket pour me protéger. Il est temps de passer à l'ACTION !

Page 46
— … J'étais dans l'armée pendant la Deuxième Guerre mondiale. Je suis TOUJOURS préparée ! Je suis leur trace jusqu'au cimetière.

Page 47
— Je vois la Bête et je me prépare pour l'ATTAQUE. Tout à coup la Bête S'ARRÊTE !

— Allô la Police !
— L'ANIMAL EST MORT ! Je téléphone à la police avec mon NOUVEAU TÉLÉPHONE PORTABLE !
— La Bête n'est PAS un animal ! La Bête est…

Page 48

— …un ROBOT !
— GLOUPS !
— INCROYABLE !
— Cher Tom ! Vous êtes venu SI vite après que je vous ai téléphoné ! Merci !
— Vous pouvez vous détendre ! La Bête n'existe pas !

Page 49

— Tom n'est pas une victime. Il est un imposteur !
— Un imposteur ! Ce cher Tom ?
— Tom est le créateur de la Bête !
— TOM a créé la Bête ? !!! Est-ce vrai Tom ?
— INCROYABLE !
— Oui, c'est vrai Milady. Voici mon histoire…

Page 50

— Je suis juste un pauvre jardinier ! Je veux être RICHE !
— ARGENT
— J'aime l'informatique et je suis un bon hacker !

Page 51

— Je pirate la société Coolbots. Ils fabriquent des robots.
[ANDROID ROBOTS AND BIPEDS] ROBOTS ANDROÏDES ET BIPÈDES
— J'obtiens une formule secrète…
[password spam email] mot de passe spam e-mail
— … et je crée la BÊTE !

Page 52

[London] Londres
— Mon projet est complexe. J'ai une carte de la rivière Effra.
— Je construis un serveur secret dans un tunnel…
— … et j'utilise les tunnels pour accéder à Londres.

Page 53

— Il y a de nombreux indices !
— Oui ! La carte !
— La colle : Tom l'utilise pour attacher la fourrure au robot.
— L'empreinte : Angus n'est pas intéressé ! Un robot n'est pas un vrai animal !

Page 54

— Le câble de capteur E22 nécessaire à la construction d'un robot !
— J'utilise la Bête pour vous STOPPER, vous les enfants, à Crystal Palace.
— … mais il y a des interférences. La Bête CESSE DE FONCTIONNER.

Page 55

— … mais la Bête… hum… « a cessé de fonctionner » au cimetière ! Pourquoi ?
— Oh, c'est facile !
— Mon robot Joe est aussi un COOLBOT ! Les télécommandes sont UNIVERSELLES.
— MA télécommande a éteint la Bête !

Page 56

— Oh mon Dieu ! Tout cela est tellement COMPLIQUÉ ! Des robots, des téléphones portables, des ordinateurs, des coupures…
— Ce n'est pas tout !
— Tom est aussi le créateur du blog *La Grande Bête* !
— … Tom a construit la Bête pour créer un BUZZ.
— 5 millions de visiteurs ! J'étais RICHE ! Pas de BÊTE, pas de buzz, pas de visiteurs, pas d'ARGENT ! C'est une tragédie !

Page 57

— Ma pelouse ! VILAINE fille !
— Ce n'est PAS une vilaine fille ! C'est une très BONNE détective !
— C'est quoi ÇA !
— LA BÊTE !!!???

Page 58

[HAHA]
[MEOW ! MEOW !] Miaou ! Miaou !

Page 59

[HAHA !]

Traduction et notes culturelles : Virginie Villette
Mise en pages : Médiamax

Achevé d´imprimer en Espagne par Grafo à Basauri
Dépôt légal: mars 2018 - Édition 01 - 27/2430/3